VENTE

Des Lundi 10, Mardi 11, Mercredi 12
Et Jeudi 13 Avril 1911

HOTEL DROUOT, SALLE N° 12

A DEUX HEURES

AF311659

COLLECTION DE M. RECORBET

Curiosités Militaires

COMMISSAIRE-PRISEUR

Me HENRI BAUDOIN

Successeur de M. Paul CHEVALLIER

EXPERT

M. H. MANIÈRE

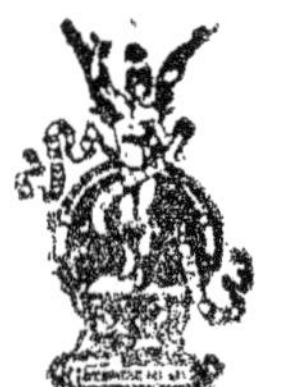

CATALOGUE

DE

Curiosités Militaires

Sabres, Epées, Fusils, Pistolets, Effets, Cuirasses,
Casques, Coiffures, Epaulettes, Aiguillettes, Gibernes, Sabretaches,
Baudriers, Banderoles, Ceinturons, Equipements, Tambours, Clairons,
Cuivrerie, Décorations, etc.

TABLEAUX, MINIATURES, AQUARELLES, GRAVURES

DOCUMENTS ET PIÈCES DIVERSES

Composant la Collection de M. Recorbet

EX-NOTAIRE A FEURS

ET DONT LA VENTE

En vertu d'un jugement du Tribunal civil de Montbrison (Loire)

AURA LIEU A PARIS

A la requête de **M. MALTERRE**, liquidateur judiciaire, à Montbrison (Loire)

HOTEL DROUOT, SALLE N° 12

Les Lundi 10, Mardi 11, Mercredi 12 et Jeudi 13 Avril 1911

A DEUX HEURES

COMMISSAIRE-PRISEUR	EXPERT
Mᶜ HENRI BAUDOIN	**M. H. MANIÈRE**
Successeur de M. Paul CHEVALLIER	1o3, rue de Rennes
1o, rue Grange-Batelière	PARIS

EXPOSITION PUBLIQUE

Le Dimanche 9 Avril 1911, de deux heures à six heures

CONDITIONS DE LA VENTE

Elle sera faite au comptant.

Les adjudicataires paieront *dix pour cent* en sus des enchères.

L'exposition mettant le public à même de se rendre compte de l'état et de la nature des objets, il ne sera admis aucune réclamation, une fois l'adjudication prononcée, pour quelque cause que ce soit, en raison du caractère judiciaire de la vente.

N.-B. — L'Ordre des Vacations du jour et du soir sera affiché dans la salle le jour de l'Exposition.

Paris. — Imp. de l'Art, Cii. BERGER, 41, rue de la Victoire.

Les drapeaux, décorations, armes, coiffures, effets et
objets militaires, tableaux, gravures et documents compo-
sant la collection Recorbet seront exposés le 9 avril 1911,
dans la salle nᵒ 12, à l'Hôtel Drouot.

Les visiteurs ne verront pas sans émotion ces glorieux
trophées, ces vénérables épaves échappées à l'ouragan des
batailles, qui évoqueront en eux toute notre histoire militaire depuis le règne de Louis XV jusqu'à nos jours, et,
principalement, cette admirable épopée, sans précédent,
des armées de la Révolution, du Consulat et de l'Empire.
Le moindre objet leur rappellera une époque importante,
un fait saillant, une victoire mémorable ou des jours
néfastes, un homme célèbre.

Voici des armes des règnes de Louis XV et de Louis XVI.
Elles firent vaillante besogne pendant la guerre de Sept
ans, qui consacra d'une manière définitive la puissance de
la jeune monarchie fondée par l'électeur de Brandebourg,
de ce royaume de Prusse, aujourd'hui si formidable et qui
nous porta de si rudes coups. Les compagnons de Rocham-
beau et de La Fayette les employèrent, par delà l'Océan, à
l'établissement de la République des États-Unis d'Amé-
rique.

Ce chapeau jauni, usé, déchiqueté évoque les États
Généraux, l'Assemblée Nationale, la Constituante, la
Convention, les heures tragiques auxquelles l'on ne peut
songer sans frémir. Mais il a été porté par un de ces vaillants soldats, les uns pieds nus, les autres en sabots, tous
couverts de haillons, la tête haute, le regard fier sous les
plis du drapeau tricolore, qui, conduits par les Jourdan,

les Pichegru, les Augereau, les Kellermann, les Kléber, les Hoche, les Marceau, les Moreau, parcoururent l'Europe entière en chassant devant eux les armées les plus redoutées, renversant les trônes, instaurant la liberté.

En voyant ce poignard de mameluck vous songez à la campagne d'Égypte, expédition militaire organisée sous le Directoire par le glorieux vainqueur de Lodi, de Castiglione, de Bassano, d'Arcole, de Rivoli, expédition où, pour la première fois, les soldats préparent la voie aux savants. Vous y songez encore en admirant l'une des pièces les plus belles et les plus intéressantes de la collection, le superbe habit bleu tout chamarré de broderies d'or et les deux cachets du général Destaing, un des héros d'Aboukir et d'Alexandrie, mort prématurément tué en duel par son compagnon d'armes le général Reynier.

Arrêtez-vous maintenant devant ces pièces dignes de figurer en bonne place dans les plus belles collections, dans les plus grands musées : le Sabre d'honneur donné par le Premier Consul au citoyen Gaulard, sous-lieutenant à la 93e demi-brigade de ligne : un shako d'artillerie à cheval du Consulat ; un shako d'officier de conscrits-grenadiers de la Garde impériale, au galon semé d'étoiles d'or, surmonté d'un haut plumet écarlate ; un shako d'officier de la Jeune-Garde, surmonté d'un plumet vert et rouge, le galon brodé de feuillage d'or ; un casque aux dorures éclatantes d'officier de carabiniers du Premier Empire. Le Consulat ! l'Empire ! Que de noms de victoires célèbres : Marengo, Wagram, Austerlitz, Auerstaedt, Eylau, Friedland, Eckmülh, Ratisbonne, Borodino, Lutzen, Dresde, Iéna ! Que de noms de vaillants et d'illustres soldats : Masséna, Lannes, Davoust, Murat, Bernadotte, Brune, Marmont, Lefèbvre, Soult, Lassalle, Junot, et tous ces maréchaux dont les noms servent en quelque sorte de remparts à Paris ! Et par-dessus tout, dominant tout, le nom de celui qui fut doué de tous les génies, stratège plus habile qu'Alexandre, Annibal et César; législateur plus profond que Théodose et Justinien, celui dont les cendres reposent à l'ombre du dôme des Invalides, ce beau casque doré bien digne de couvrir à jamais la tête du plus illustre des capitaines ! Et cette pièce rarissime, un casque de trompette de la Garde d'honneur du royaume d'Italie, le hardi cavalier qui s'en couvrit sonna la charge pour les soldats du prince Eugène de Beauharnais. Il combattit pour la France aux côtés du cavalier de la Garde royale westphalienne dont vous voyez le beau sabre au parement timbré d'un W, surmonté de la couronne impériale. Français aussi l'officier westphalien, coiffé de ce shako aux initiales J. N., et l'officier qui porta cet autre shako aux armes de la ville de Genève, et le soldat revêtu de cet habit de la Garde royale d'Espagne, sous le règne de Joseph Bonaparte, et le capitaine-adjudant J.-A. Chalot, de la place de Gand, à qui cette ville offrit le sabre d'honneur que vous apercevez. Et vous vous rappelez que l'Italie, la Westphalie, la Suisse, l'Espagne, les Flandres, les Pays-Bas et la Hollande faisaient alors partie de la France, que leurs habitants portèrent les armes au service de l'Empereur, à travers les plaines glacées de la Russie, jusqu'à Moscou. Tenez voici une pipe. Elle reproduit les traits d'un brave parmi les plus braves, du plus populaire et du plus aimé des lieutenants de l'Empereur, le maréchal Ney, qui, après une courte défaillance, mourut pour son maître. C'est encore un brave, le plus glorieux des Invalides, que représente cette modeste médaille commémorative frappée à l'effigie du général Daumesnil. Mais elle évoque la chute de l'Aigle, la bataille de Leipsick, la campagne de France, les adieux de Fontainebleau, l'Ile d'Elbe, puis les Cent-Jours, Waterloo, Sainte-Hélène.

Ces merveilleux ensembles : grandes et petites tenues de mousquetaires gris et noir ; ce fanion de Condé-Dragons ; ce beau sabre aux couronnes fleurdelysées, porté par Charles X, en qualité de colonel-général de la Garde nationale ; et ces casques de la gendarmerie d'élite, de gendarme et de chevau-léger du roi, de garde du corps ! C'est la Restauration, le retour de la monarchie traditionnelle. C'est aussi la campagne d'Espagne et la prise du Trocadéro. C'est la flotte française, unie aux escadres anglaise et russe, anéantissant à Navarin la flotte égyptienne ; c'est 15,000 Français, conduits par le général Maison, assurant définitivement l'affranchissement de la Grèce.

Sur la plaque de ce shako, surmontée de la cocarde tricolore, un coq, le coq gaulois, se dresse fièrement les ailes éployées. Vous songez à la monarchie de Juillet, monarchie constitutionnelle, au siège d'Anvers, où les armes de la France furent encore une fois mises au service de la liberté et de l'émancipation des peuples. Cette miniature, dans son cadre de cuivre, reproduit les traits du duc de Nemours. Elle vous rappelle que ce fils du roi-citoyen prit part, avec ses frères, le prince de Joinville et le duc d'Aumale, le vainqueur d'Abd-el-Kader, à la conquête de l'Algérie, ce joyau de nos colonies, acquis par des luttes incessantes et des combats sanglants où les soldats de Clauzel, Bournemont, Changarnier, Damrémont, Lamoricière et Bugeaud se montrèrent les dignes fils des vieux grognards de la Révolution et de l'Empire.

Cette cuirasse de carabinier de 1848 évoque en nous la Seconde République, le général Cavaignac, le Prince-président.

Puis voici un lot important d'armes, coiffures, uniformes du Second Empire. Des braves les portaient pendant les campagnes de Crimée, d'Italie, de Chine, du Mexique et en Algérie sous les ordres de Pélissier, Saint-Arnaud, Randon, Canrobert, Mac-Mahon. Encore un bel ensemble : casque, cuirasse, sabre, fusil, soubreveste, tunique, épaulettes et culotte de cent-garde. L'éclair du métal, l'éclat des couleurs, le chatoiement des dorures ont rendu plus brillantes encore les fêtes données par Napoléon III, à l'apogée de sa puissance, à Compiègne et au château des Tuileries, dans ce Paris qui mérite alors l'appellation d'Auberge des souverains.

L'on raille volontiers ce qu'on appelle en souriant la douce monomanie des collectionneurs. Au lieu de les railler, pourquoi ne pas reconnaître en ceux-ci les continuateurs des anciens, qui faisaient des demi-dieux de leurs héros ? Comme eux et comme les Shintoïstes ils pratiquent la religion des ancêtres. Ils sont les prêtres de ce culte. Et, s'ils se disputent avec acharnement, avec âpreté même, toutes ces reliques du passé, c'est pour les soustraire aux injures du temps, pour les mettre à l'abri de sottes destructions et pour les déposer pieusement dans les temples et sur les autels qu'ils ont édifiés à la gloire de nos grands hommes, de nos traditions, de la Patrie.

H. MANIÈRE.

DÉSIGNATION

SABRES

1 — Sabre d'officier. Révolution.

2 — Sabre d'officier. Révolution.

3 — Sabre d'officier. Révolution.

4 — Sabre d'officier. Révolution.

5 — Sabre d'officier. Révolution.

6 — Sabre d'officier. Révolution.

7 — Sabre d'officier. Révolution. (Sans fourreau.)

8 — Sabre d'officier. Révolution.

9 — Sabre d'officier. Révolution. (Sans fourreau.)

10 — Sabre d'officier de la Garde nationale parisienne. Révolution.

11 — Sabre de chasseur à cheval de la Garde, modèle 1802. Consulat.

12 — Sabre d'officier du 2e chasseurs à cheval. Consulat.

Porte sur sa lame l'inscription :

Bonaparte, 1er consul de la République Française.
30 thermidor. An X.
2e régiment de chasseurs à cheval. 1673.

13 — Sabre d'honneur donné par le Ministre de la Guerre à la 3e Cie de la 21e demi-brigade. Consulat.

14 — Sabre offert par les officiers du 11ᵉ de ligne à leur colonel Hardy. Premier Empire.

15 — Sabre d'officier général. Consulat.

16 — Sabre d'officier à la mameluck. Premier Empire.

17 — Sabre de colonel général des Gardes nationales, ayant appartenu à Charles X.

18 — Sabre de campagne d'officier de chasseurs à cheval de la Garde. Premier Empire.

19 — Sabre de marin de la Garde. Premier Empire.

20 — Sabre de grenadier à cheval de la Garde. Premier Empire.

21 — Sabre de chasseur à cheval de la Garde. Premier Empire.

22 — Sabre de grenadier à cheval de la Garde. Premier Empire.

23 — Sabre d'officier d'infanterie de la Garde. Premier Empire.

24 — Sabre d'officier de grosse cavalerie. Premier Empire.

25 — Sabre d'officier de dragons. Premier Empire.

26 — Sabre d'officier de dragons. Premier Empire.

26 *bis* — Sabre d'officier de dragons. Premier Empire.

27 — Sabre de la Garde d'honneur à cheval lyonnaise. Premier Empire.

28 — Sabre d'officier de cavalerie légère. Premier Empire.

29 — Sabre d'officier de cavalerie légère. Premier Empire.

30 — Sabre d'officier de cavalerie légère. Premier Empire.

31 — Sabre de fantaisie d'officier de cavalerie légère. Premier Empire.

32 — Sabre de cavalerie de la Garde royale westphalienne. Premier Empire (officier).

33 — Sabre de fantaisie d'officier d'infanterie. Premier Empire.

34 — Sabre d'honneur. Consulat.

Porte sur le fourreau l'inscription :
Le Premier Consul au citoyen Gaulard,
sous-lieutenant à la 93ᵉ 1/2 brigade de ligne.

35 — Sabre d'officier d'administration. Premier Empire.

36 — Sabre d'officier d'état-major. Premier empire.

36 *bis* — Sabre d'officier d'état-major. Premier Empire.

37 — Sabre d'officier de cavalerie légère. Premier Empire.

38 — Sabre d'officier de cavalerie légère. Premier Empire.

Porte sur le fourreau l'inscription :
La Ville de Gand à J.-A. Chalot, capitaine-adjudant
de la place de Gand.

39 — Sabre d'officier de cavalerie légère. Premier Empire.

40 — Sabre d'officier de cavalerie légère. Consulat.

41 — Sabre d'officier de cavalerie légère. Premier Empire.

42 — Sabre d'officier de hussards. Révolution.

42 *bis* — Sabre d'officier de cavalerie. Consulat.

43 — Sabre de pupille de la Garde. Premier Empire.

44 — Sabre-briquet d'infanterie de la Garde. Premier Empire.

45 — Sabre d'officier de cavalerie légère. Premier Empire.

46 — Sabre d'officier de cavalerie légère. Premier Empire.

47 — Sabre d'officier de cavalerie légère. Premier Empire.

48 — Sabre d'officier de cavalerie légère. Premier Empire.

49 — Sabre d'officier de marine. Premier Empire.

49 *bis* — Sabre d'officier de cavalerie légère. Premier Empire.

50 — Sabre d'officier de cavalerie. Directoire.

51 — Sabre d'officier de grenadiers à pied de la Garde. Restauration.

52 — Sabre de mousquetaire gris. 1814.

53 — Sabre de cuirassier de la Reine. Restauration.

54 — Sabre de cuirassier d'Angoulème. Restauration. (Sans fourreau.)

55 — Sabre d'officier d'état-major. Restauration.

56 — Sabre des carabiniers de Monsieur. Restauration.

57 — Sabre des Gardes du corps du roi, 2e modèle. Restauration.

58 — Sabre d'officier de la Gendarmerie royale. Restauration. (Sans fourreau.)

59 — Sabre des Gardes du corps du roi. 1er modèle.
Restauration.

60 — Sabre des Gardes du corps de Monsieur. Restauration.

61 — Sabre de garde à cheval de Paris. Louis-Philippe.

62 — Sabre d'officier de dragons. Premier Empire.

63 — Sabre de tambour-major. Consulat.

64 — Sabre de tambour-major. Consulat.

65 — Sabre de tambour-major. 1830.

66 — Sabre de tambour-major de la Garde nationale.
Louis-Philippe.

67 — Sabre de marine. Louis XVI.

68 — Sabre, ayant appartenu au duc de Damas. Louis XVI.

> César, duc de Damas, mort en 1829, colonel des dragons
> du Dauphin et de Monsieur, frère du Roy, a protégé Louis XVI
> dans sa fuite à Varennes, a émigré et a servi au Royaume
> des Deux-Siciles. Rentre en France sous la Restauration qui
> le créa Pair de France.

69 — Sabre de grosse cavalerie. Louis XVI.

70 — Sabre-briquet de marine. Louis XVI.

71 — Sabre-briquet de chasseurs à pied. Louis XVI.

72 — Sabre-briquet d'infanterie. Louis XVI.

73 — Sabre-briquet d'infanterie Louis XVI.

74 — Sabre-briquet d'officier d'infanterie. Louis XVI.

75 — Sabre-briquet de marine. Louis XVI.

76 — Sabre-briquet d'infanterie. Louis XVI.

77 — Sabre de cavalerie Louis XV.

77 *bis* — Sabre d'officier de cavalerie. Louis XVI.

78 — Sabre d'officier de cavalerie, régiment du Dauphin. Louis XV.

79 — Sabre d'officier de cavalerie (sans fourreau). Louis XV.

80 — Sabre d'officier de hussards (État-major). Louis XVI.

81 — Sabre d'officier du 2e régiment de dragons. Louis XV.

82 — Sabre de carabinier. Louis XVI.

82 *bis* — Sabre de carabinier (sans fourreau). Louis XVI.

83 — Sabre de grosse cavalerie. Louis XVI.

84 — Sabre de cavalerie Louis XV.

85 — Sabre-épée des Gendarmes du roy. Louis XV.

86 — Sabre de sapeur. Révolution.

87 — Sabre de sapeur.

88 — Sabre de Nassau-Saarbruck. Louis XVI.

89 — Sabre de sapeur.

90 — Trois poignards d'officiers de marine. Restauration et Louis-Philippe.

91 — Poignard de mameluck de la Garde. Premier Empire.

92 — Glaive d'officier. Premier Empire.

93 — Glaive d'officier de la Garde italienne. Premier Empire.

94 — Épée de fantaisie d'officier supérieur de la Garde nationale (avec son étui). Louis-Philippe.

Elle porte l'inscription :

Au colonel Chapuis, 1833. Des officiers,
sous-officiers et gardes nationaux de la 4ᵉ Légion.

95 — Épée d'officier. 1848.

96 — Épée d'officier général. Louis-Philippe.

97 — Épée de fantaisie d'officier. Premier Empire.

98 — Épée d'officier d'artillerie. Restauration.

99 — Épée de fantaisie d'officier de commissaire des guerres (sans fourreau). Restauration.

100 — Épée de pair de France (sans fourreau). Restauration.

101 — Épée de fantaisie d'officier.

102 — Épée de fantaisie d'officier d'artillerie.

103 — Épée d'officier. Premier Empire.

104 — Épée de mousquetaire noir. 1814.

104 *bis* — Épée de mousquetaire gris. 1814.

105 — Épée d'officier de la Garde royale italienne. Premier Empire.

106 — Épée de fantaisie d'officier. Premier Empire.

107 — Épée de fantaisie d'officier. Restauration.

108 — Épée de fantaisie d'inspecteur aux revues. Restauration.

109 — Épée de fantaisie d'officier de grenadiers d'infanterie. Restauration.

110 — Sabre de sous-officier de cent-garde. Second Empire.

112 — Sabre d'officier à la mameluck (avec ceinturon). Premier Empire.

113 — Sabre d'officier à la mameluck. Premier Empire.

114 — Sabre d'officier à la mameluck. Premier Empire.

115 — Sabre d'officier à la mameluck. Premier Empire.

116 — Sabre-briquet. Révolution.

117 — Sabre-briquet. Révolution.

118 — Sabre. Révolution.

118 *bis* — Sabre. Révolution.

118 *ter* — Sabre. Révolution.

119 — Sabre-briquet. Louis XVI.

120 — Sabre d'officier d'infanterie. Consulat.

121 — Sabre d'officier de marine. Premier Empire.

122 — Sabre d'officier de hussards. Révolution.

122 *bis* — Sabre de hussard. Révolution.

123 — Sabre de cuirassier. Premier Empire.

124 — Sabre, dit de bataille. Consulat.

125 — Sabre de sapeur. Louis-Philippe.

125 *bis* — Sabre de sapeur. Louis XV.

126 — Sabre d'officier d'infanterie. Premier Empire.

127 — Sabre de chasseur à cheval. 1790.

128 — Sabre de fantaisie d'officier. Premier Empire.

128 *bis* — Sabre d'officier des Domaines. Révolution.

129 — Sabre d'officier de cavalerie légère. Révolution.

130 — Sabre d'officier de cavalerie légère. Révolution.

131 — Sabre d'officier de cavalerie légère. Révolution.

132 — Sabre d'officier de hussards. Révolution.

133 — Sabre d'officier de hussards. Révolution.

134 — Sabre d'officier de hussards. Révolution.

135 — Sabre d'officier de hussards. Révolution.

136 — Sabre d'officier de hussards. Révolution.

137 — Sabre d'officier de hussards. Révolution.

138 — Sabre d'officier de cavalerie. Révolution. (Garde tournante.)

138 *bis* — Sabre d'officier de hussards. Révolution.

139 — Sabre de sapeur. Révolution.

140 — Glaive de l'École de Mars. Révolution.

141 — Glaive de chef de musique. Premier Empire.

142 — Glaive de chevalier de Malte. Premier Empire.

143 — Glaive d'officier. Restauration. (Sans fourreau.)

144 — Sabre d'artillerie à pied. Premier Empire.

145 — Sabre de sapeur. Premier Empire.

146 — Sabre de sapeur. Premier Empire. (Sans fourreau.)

147 — Sabre de sapeur. Premier Empire.

148 — Sabre de sapeur. Consulat.

149 — Sabre de cavalerie. Louis XV.

149 *bis* — Sabre, à parement, d'officier de cavalerie légère étrangère. Louis XVI.

149 *ter* — Sabre-briquet de garde nationale. (Artillerie.) Restauration.

150 — Sabre de hussard. Révolution.

151 — Sabre de grosse cavalerie. Premier Empire.

152 — Sabre d'officier de dragons. Premier Empire. (Sans fourreau.)

153 — Sabre d'officier de cavalerie légère. Premier Empire.

153 *bis* — Sabre d'officier de cavalerie légère. Premier Empire.

154 — Sabre d'officier de cavalerie légère. Premier Empire.

155 — Sabre d'officier de cavalerie légère. Premier Empire.

156 — Sabre d'officier de cavalerie légère. Premier Empire.

157 — Sabre d'officier de cavalerie légère. Premier Empire.

157 *bis* — Sabre d'officier d'état-major. Premier Empire.

157 *ter* — Sabre d'officier, à la chasseur, du train d'artillerie. Premier Empire.

158 — Sabre d'officier de la Garde nationale à cheval. Révolution. (Sans fourreau.)

159 — Sabre d'officier d'artillerie. Restauration.

160 — Sabre de gendarmerie départementale. Louis-Philippe.

161 — Sabre d'officier d'état-major. Premier Empire.

162 — Sabre d'officier de la Garde nationale. 1848.
Porte sur la lame l'inscription :
Au capitaine Gabiot. 3o juin 1848.
Les Volontaires Graylois reconnaissants.

163 — Sabre-briquet de grenadier d'infanterie. Révolution.

164 — Sabre d'officier d'infanterie. Premier Empire.

165 — Sabre d'officier d'infanterie. Premier Empire.

166 — Épée d'officier d'infanterie. Premier Empire.

167 — Épée de fantaisie d'officier. Restauration.

168 — Épée de fantaisie d'officier. Restauration.

169 — Épée de fantaisie d'officier. Restauration.

170 — Épée d'officier de marine. Louis-Philippe.

171 — Épée d'officier de la Garde nationale. Louis-Philippe.

172 — Épée d'officier de cavalerie de la Garde. Second Empire.

173 — Épée d'officier de cavalerie de la Garde. Second Empire.

174 — Épée de fonctionnaire. Second Empire.

175 — Épée d'officier de carabiniers. Second Empire.

176 — Épée de cent-garde. Second Empire.

177 — Épée d'officier de santé. Second Empire.

178 — Épée de l'École Polytechnique. Second Empire.

179 — Un fort lot de sabres, de diverses époques. (Sera divisé.)

180 — Un fort lot d'épées, de diverses époques. (Sera divisé.)

180 *bis* — Un lot de sabres d'enfants. (Sera divisé.)

FUSILS ET PISTOLETS

181 — Fusil et sabre de cent-garde. Second Empire.

182 — Fusil Chassepot, 1870. Porte sur le canon l'inscription :

> *9e Cie des Francs-Tireurs de Paris*
> *au Citoyen Étienne Arago*
> *4 Septembre 1870.*

183 — Un lot comprenant : fusils de Louis XVI à nos jours. (Sera divisé.)

184 — Paire de pistolets à pierre, de la Garde royale. Restauration.

184 *bis* — Un lot comprenant dix-sept pistolets de Louis XV à Napoléon III. (Sera divisé.)

EFFETS

185 — Habit de chasseur de volontaires. Révolution.

186 — Habit, épaulette et contre-épaulette d'officier d'infanterie suisse. Louis XVI.

187 — Habit d'officier général, Consulat.

> Ayant appartenu au général Destaing.
> Jacques Zaccharie Destaing naquit à Aurillac, en 1764.
> Lieutenant en 1792, adjudant-général en 1794, chef de
> brigade en 1795, il devint général de brigade en 1798. Il
> prit part à l'expédition d'Égypte et se fit remarquer à
> Aboukir et à Alexandrie. Il rentra en France. Enfin, en
> 1802, il fut tué en duel par le général Reynier.

187 *bis* — Deux cachets du général Destaing.

188 — Habit de sous-officier de chasseurs à pied de la
Garde. Premier Empire.

189 — Habit de musicien des fusiliers-chasseurs de la
Jeune-Garde. Premier Empire.

190 — Habit de grenadier de la Garde. Premier Empire.

191 — Habit de grenadier de la Garde. Premier Empire.

192 — Habit de chasseur à cheval de la Garde. Premier
Empire.

193 — Habit d'officier du 7e léger. Premier Empire.

194 — Habit d'officier du 12e léger. Premier Empire.

195 — Habit d'officier de santé de la marine. Premier
Empire.

196 — Habit de pharmacien. Premier Empire.

197 — Habit de garde d'honneur de camp. Premier
Empire.

198 — Habit d'officier-général des Gardes d'honneur de
la Manche. Premier Empire.

199 — Habit d'officier d'infanterie westphalienne. Premier Empire.

200 — Habit d'officier de la Garde royale espagnole.
Premier Empire.

201 — Habit d'infanterie polonaise. Premier Empire.

202 — Habit de petite tenue d'officier de l'infanterie suisse de la Garde royale. Restauration.

203 — Habit d'officier de lanciers. Restauration.

204 — Habit de mousquetaire noir. 1814.

205 — Habit d'officier de cuirassiers de la reine. Restauration.

206 — Habit de grande tenue de mousquetaire gris. 1814.

207 — Habit de mousquetaire gris. 1814.

207 *bis* — Habit de grande tenue de mousquetaire noir. Restauration.

208 — Habit de chasseur à cheval de la Garde royale. Restauration.

209 — Habit de légion départementale. 1815.

210 — Habit d'infanterie suisse de la Garde royale. Restauration.

211 — Habit de légion départementale. 1815.

212 — Habit de légion départementale. 1815.

213 — Habit du 2e régiment d'infanterie de marine. Restauration.

214 — Habit d'officier général. Louis-Philippe.

215 — Habit des lanciers d'Orléans. 1830.

216 — Habit d'officier de santé de la Garde nationale. Louis-Philippe.

217 — Habit d'officier des subsistances militaires. Second Empire.

219 — Habit d'aide de camp. Second Empire.

220 — Habit de tambour du 62e de ligne. Second Empire.

221 — Habit rouge. Restauration.

222 — Habit rouge. 1815.

223 — Dolman des guides de la Garde. Second Empire.

224 — Dolman d'officier de chasseurs d'Afrique. Second Empire.

225 — Dolman de trompette d'artillerie de la Garde. Second Empire.

226 — Kartka de cantinière de lanciers de la Garde. Second Empire.

227 — Jupe de cantinière de lanciers de la Garde. Second Empire.

228 — Pantalon de cantinière des lanciers de la Garde. Second Empire.

229 — Tunique de cent-garde. Second Empire.

230 — Culotte de grande tenue de cent-garde. Second Empire.

231 — Culotte de grande tenue de cent-garde. Second Empire.

232 — Justaucorps, culotte et ceinturon de cent-suisses. 1814.

233 — Gilet brodé. Directoire.

234 — Gilet d'officier de hussards. Premier Empire.

235 — Gilet d'officier général. Premier Empire.

236 — Gilet de fantaisie d'officier général. Premier Empire.

237 — Gilet de garde d'honneur. Premier Empire.

238 — Gilet d'officier de chasseurs à cheval. Premier Empire.

239 — Gilet de hussard. Premier Empire.

240 — Gilet de fantaisie d'officier général. Louis-Philippe.

241 — Pantalon de cheval. Premier Empire.

242 — Culotte d'officier de hussards de la Garde royale. Restauration.

243 — Tunique de cantinière de chasseurs à pied. Deuxième Empire.

244 — Jupe de cantinière de chasseurs à pied. Second Empire.

245 — Manteau d'officier général. Premier Empire.

246 — Manteau de mousquetaire gris. 1814.

247 — Habit de campagne d'officier général. Premier Empire.

248 — Habit de chevalier de Malte.

249 — Habit de garde du roy. Louis XVI.

250 — Habit blanc, col à la Saxe. Louis XVI.

251 — Habit brodé. Louis XVI.

251 *bis* — Un lot d'habits, gilets et culottes civils de l'ancien régime.

251 *ter* — Un lot d'habits, gilets, culottes et pantalons d'uniformes, de diverses époques. (Sera divisé.)

CUIRASSES

CASQUES

290 — Casque de carabinier. Louis-Philippe.

291 — Casque d'officier de carabiniers. Second Empire.

292 — Casque de carabinier. Deuxième Empire.

293 — Casque d'officier de cuirassiers. Premier Empire.

294 — Casque de cuirassier. Premier Empire.

295 — Casque de cuirassier de la Garde royale.

296 — Casque de cuirassier de la Garde royale.

297 — Casque d'officier de cuirassiers. 1830.

298 — Casque de cuirassier. 1830.

299 — Casque d'officier de cuirassiers. 1840.

300 — Casque de cuirassier de la Garde. Second Empire.

301 — Casque de trompette de cuirassiers. 1871.

302 — Casque de trompette de la gendarmerie d'élite.
Restauration.

303 — Casque de mousquetaire gris. 1814.

304 — Casque de mousquetaire noir. 1814.

305 — Casque de gendarme de la Maison du roi. 1814.

306 — Casque de chevau-léger de la Maison du roi.

307 — Casque de garde du corps du roi. 1er modèle.

308 — Casque de garde du corps du roi. 2e modèle.

309. — Casque d'officier des Gardes du corps du roi.
2e modèle.

310 — Casque de chevau-léger, 3e régiment. Premier
Empire.

311 — Casque de chevau-léger. Premier Empire. 1812.

312 — Casque de cent-garde.

313 — Casque d'essai de cent-garde.

314 — Casque d'officier du génie de la Garde. Premier Empire.

315 — Casque du régiment du roy, infanterie. Louis XVI.

316 — Casque du train des équipages de la Garde royale.

317 — Casque du train d'artillerie de la Garde royale.

318 — Casque d'officier d'artillerie détaché en Turquie. Second Empire.

319 — Casque d'officier de la Garde à cheval de Paris. 1830.

320 — Casque de garde à cheval de Paris. 1848.

321 — Casque d'essai de dragon. Louis-Philippe.

322 — Casque d'essai de trompette de carabiniers. Second Empire.

323 — Casque de garde nationale à cheval. Restauration.

324 — Casque de garde nationale à cheval. Restauration.

325 — Casque de garde nationale à cheval. Restauration.

326 — Casque de garde nationale à cheval. Restauration.

327 — Casque.

328 — Casque de garde nationale à cheval. Restauration.

329 — Casque de garde nationale à cheval. Restauration.

330 — Casque de trompette de Garde d'honneur du royaume d'Italie. Premier Empire.

331 — Casque de cuirassier westphalien.

332 — Casque d'officier étranger au service de la France. 1812.

333 — Casque du 1er chevau-léger bavarois. 1812.

SCHAPSKAS

334 — Schapska de lancier rouge de la Garde. Premier
Empire.

335 — Schapska de lancier.

336 — Schapska d'officier de lanciers polonais de la
Garde. Premier Empire.

337 — Schapska des lanciers de la Vistule. Premier Empire.

338 — Schapska de lancier de la Garde royale.

339 — Schapska. Restauration.

340 — Schapska de colonel de la Garde nationale à
cheval de Paris. Louis-Philippe.

341 — Schapska de petite tenue d'officier de lanciers.
Louis-Philippe.

342 — Schapska d'officier de Garde nationale à cheval.
Louis-Philippe.

343 — Schapska du 3e lanciers. Second Empire.

344 — Schapska du 7e lanciers. Second Empire.

345 — Schapska de lancier de la Garde. Second Empire.

346 — Schapska de lancier de la Garde. Second Empire.

347 — Schapska de trompette de lanciers de la Garde.
Second Empire.

SHAKOS

348 — Shako d'officier de conscrits-grenadiers de la
Garde. Premier Empire.

349 — Shako d'artillerie à cheval. Consulat.

350 — Shako d'officier de la Jeune Garde. Premier Empire.

351 — Shako d'officier. Premier Empire. (Ayant appartenu à M. Du Roulle.

352 — Shako de marin de la Garde. Premier Empire.

353 — Shako d'officier Westphalien. Premier Empire.

354 — Shako d'officier du 2e régiment de Gardes d'honneur de la Garde.

355 — Shako du 1er régiment de Gardes d'honneur de la Garde. Premier Empire.

356 — Shako d'officier, plaque à cor de chasse et n° 3. Premier Empire.

357 — Shako d'officier du 28e léger. Premier Empire.

358 — Shako du 16e léger. Premier Empire.

359 — Shako d'officier du 79e de ligne. Premier Empire.

360 — Shako d'officier du 95e de ligne. Premier Empire.

361 — Shako de sous-officier de la Jeune-Garde. Premier Empire.

362 — Shako de Garde d'honneur de Lille. Premier Empire.

363 — Shako du 102e de ligne. Premier Empire.

364 — Shako de grenadier du 2e de ligne. Premier Empire.

365 — Shako de grenadier du 75e de ligne. Premier Empire.

366 — Shako du 94e de ligne. Premier Empire.

367 — Shako du 7e de ligne. Premier Empire.

368 — Shako du 18e de ligne. Premier Empire.

369 — Shako de voltigeur du 3e de ligne. Premier Empire.

370 — Shako avec plaque à cor de chasse et no 2. Premier Empire.

371 — Shako du 9e hussards. Premier Empire.

372 — Shako avec plaque no 3. Premier Empire.

373 — Shako du 46e de ligne. Premier Empire.

374 — Shako du 93e de ligne. Premier Empire.

375 — Shako de chasseur de la 12e cohorte de la Garde nationale. Premier Empire.

376 — Shako de grenadier de la 12e cohorte de la Garde nationale. Premier Empire.

377 — Shako de grenadier de la Garde nationale. Premier Empire.

378 — Shako de chasseur de la Garde nationale. Premier Empire.

379 — Shako avec plaque à rayons. Premier Empire.

380 — Shako étranger avec plaque italienne. Premier Empire.

381 — Shako d'officier de chasseurs à cheval. Fin du Premier Empire.

382 — Shako. Premier Empire.

383 — Shako d'officier de cavalerie légère. Premier Empire.

384 — Shako d'officier de cavalerie légère. Premier Empire.

385 — Shako d'officier suisse de la Garde royale.

386 — Shako de la 76e légion départementale. 1815.

387 — Shako d'officier du 54e de ligne. 1821.

388 — Shako d'officier d'artillerie à pied. 1821.

389 — Shako d'infanterie suisse de la Garde royale. Restauration.

390 — Shako de voltigeur du 8e de ligne. 1821.

391 — Shako avec plaque de voltigeur du 15e de ligne. Infanterie légère. Restauration.

392 — Shako d'officier de la Garde nationale (tube). avec bouton de général. Restauration.

393 — Shako d'officier de cavalerie légère (tube). Restauration.

394 — Shako de colonel de la Garde nationale à pied. Charles X.

395 — Shako d'officier de la Garde nationale de Nimes. Restauration.

396 — Shako de chasseur de la Garde nationale de Nimes. Restauration.

397 — Shako d'officier du génie. Louis-Philippe.

398 — Shako d'officier de chasseurs à cheval (tube). Louis-Philippe.

399 — Shako d'officier de cavalerie légère (tube). Louis-Philippe.

400 — Shako du colonel du 2ᵉ chasseurs à cheval (tube). Louis-Philippe.

401 — Shako de lieutenant-colonel du 7ᵉ chasseurs à cheval (tube). Louis-Philippe.

402 — Shako de Garde nationale à cheval (tube). Louis-Philippe.

403 — Shako de la Garde municipale à pied de Paris. 1837.

404 — Shako d'officier de grenadiers de la Garde nationale. Louis-Philippe.

405 — Shako d'élève de Saint-Cyr. 1848.

406 — Shako de colonel d'artillerie de la Garde nationale. Louis-Philippe.

407 — Shako de lieutenant du 2ᵉ régiment de hussards, campagne d'Algérie. Louis-Philippe.

408 — Shako suisse. Premier Empire.

409 — Shako d'officier de la Garde génevoise. Premier Empire.

410 — Shako d'officier de la Garde génevoise. Premier Empire.

411 — Shako du 1ᵉʳ voltigeur de la Garde. Second Empire.

412 — Shako du 10ᵉ léger. 1845.

412 *bis* · Shako d'officier de la Garde nationale. Louis-Philippe.

KÉPI

413 — Képi de capitaine de carabiniers. Second Empire.

CHAPEAUX

414 — Chapeau d'officier. Louis XVI.

415 — Chapeau d'officier-général.

416 — Chapeau d'adjudant-général. 1789.

417 — Chapeau d'officier de grenadiers à pied de la Garde. Premier Empire.

418 — Chapeau de grenadier à pied de la Garde. Premier Empire.

419 — Chapeau-claque d'officier de chasseurs à cheval. Premier Empire.

420 — Chapeau de tambour-major.

422 — Chapeau d'officier général. Restauration.

423 — Chapeau de Garde du corps du roi, 1er modèle. Restauration.

424 — Chapeau de Garde du corps du roi, 2e modèle. Restauration.

425 — Chapeau de gendarme de la Maison du roi. 1814.

426 — Chapeau d'officier. Restauration.

427 — Chapeau d'officier. Restauration.

428 — Chapeau d'officier général. 1815.

429 — Chapeau d'officier. Restauration.

430. — Chapeau d'officier. Restauration.

430 *bis* — Chapeau d'officier général, petite tenue. Louis-Philippe.

431 — Chapeau d'officier général. Louis-Philippe.

432 — Chapeau d'officier supérieur de grenadiers à pied de la Garde. Second Empire.

432 *bis* — Chapeau de pontonnier de Strasbourg. Révolution.

BONNETS A POIL

433 — Bonnet à poil d'officier du 1er grenadiers de la Garde. Second Empire.

434 — Bonnet à poil du 2e grenadiers de la Garde. Second Empire.

434 *bis* — Bonnet à poil d'officier de gendarmerie de la Garde. Second Empire.

COLBACKS

435 — Colback d'officier des gardes d'honneur de la Garde. Premier Empire.

436 — Colback de guide de la Garde. Second Empire.

437 — Colback de chasseur à cheval. Second Empire.

TALPACKS

438 — Talpack d'officier de chasseurs à cheval de la Garde. Second Empire.

439 — Talpack d'artillerie de la Garde. Second Empire.

440 — Talpack d'officier de chasseurs à cheval. Second Empire.

441 — Talpack de cantinière. Second Empire.

MITRES

442 — Mitre de bombardier.

443 — Mitre de bombardier.

444 — Mitre attribuée aux gardes françaises.

BONNETS DE POLICE

445 — Bonnet de police. Louis XVI.

446 — Bonnet de police. Révolution.

447 — Bonnet de police. Révolution.

448 — Bonnet de police d'officier général. Premier Empire.

449 — Bonnet de police du colonel commandant les chasseurs à pied de la Garde. Premier Empire.

450 — Bonnet de police d'officier de grenadiers. Premier Empire.

451 — Bonnet de police d'officier. Premier Empire.

452 — Bonnet de police de Garde du corps du roi, 1er modèle. Restauration.

453 — Bonnet de police de Garde du corps du roi, 2e modèle. Restauration.

454 — Bonnet de police de chasseur à cheval de la Garde royale. Restauration.

455 — Bonnet de police de caporal-sapeur de la Garde nationale. Louis-Philippe.

456 — Bonnet de police d'officier de grenadiers de la Garde nationale. Restauration.

457 — Bonnet de police de fantaisie d'officier. Louis-Philippe.

458 — Devant de bonnet de police de volontaire. Révolution.

459 — Un fort lot de coiffures militaires diverses : casques, schapskas, shakos, talpacks, colbacks, chapeaux, bonnets à poil, képis, bonnets de police, de diverses époques. (Sera divisé.)

460 — Pompon brodé. Premier Empire.

461 — Un lot de pompons, plumets, aigrettes, de diverses époques. (Sera divisé.)

ÉPAULETTES

ET AIGUILLETTES

462 — Six épaulettes et contre-épaulettes d'officiers. Louis XVI.

463 — Quatre paires d'épaulettes diverses. Louis XVI.

464 — Quatre paires d'épaulettes d'officiers. Premier Empire.

465 — Quatre paires d'épaulettes diverses. Premier Empire.

466 — Trèfle et aiguillettes de chasseur à cheval de la Garde. Premier Empire.

467 — Contre-épaulettes et aiguillettes de grenadier à cheval de la Garde. Premier Empire.

468 — Deux aiguillettes d'officier. Premier Empire.

469 — Épaulette et aiguillettes de chasseur à cheval de la Garde royale. Restauration.

470 — Épaulettes et aiguillettes de mousquetaire gris. 1814.

471 — Épaulettes et aiguillettes de mousquetaire gris, petite tenue. 1814.

472 — Épaulette et aiguillettes d'officier de lanciers de la Garde. Restauration.

473 — Quatre paires d'épaulettes d'officiers. Restauration.

474 — Épaulettes et aiguillettes d'officier de la Maison de l'Empereur. Second Empire.

475 — Épaulettes et aiguillettes de cent-garde. Second
Empire.

476 — Épaulettes et aiguillettes d'officier de dragons de
la Garde. Second Empire.

477 — Paire d'épaulettes d'officier supérieur, argent.
Premier Empire.

478 — Paire d'épaulettes d'officier général de la Garde
nationale. Premier Empire.

479 — Épaulette d'officier supérieur de chasseurs à pied
de la Garde. Premier Empire.

480 — Paire d'épaulettes d'officier général. Restauration.

481 — Paire d'épaulettes d'officier général. Restauration.

482 — Paire de contre-épaulettes de musicien d'infanterie de la Garde royale. Charles X.

483 — Fort lot d'épaulettes de troupe et d'officiers, de
diverses époques. (Sera divisé.)

484 — Lot d'aiguillettes, cordons, fourragères de troupe
et d'officiers, de diverses époques. (Sera divisé.)

DRAGONNES

485 — Lot de trois dragonnes d'officiers. Premier Empire.

486 — Lot de trois dragonnes d'officiers. Premier Empire.

487 — Lot de cinq dragonnes diverses. Premier Empire.

488 — Lot de trois dragonnes d'officiers. Premier Empire.

488 *bis* — Lot de dragonnes de diverses époques.

GIBERNES

489 — Giberne et poudrière d'officier. Louis XIV.

490 — Giberne d'officier. Louis XIV.

491 — Giberne d'officier. Louis XIV.

492 — Giberne d'officier de grenadiers. Louis XV.

493 — Giberne d'officier avec grenades.

494 — Giberne du régiment de Gruyère. Louis XV.

495 — Giberne d'infanterie. Louis XV.

496 — Giberne d'officier d'infanterie. Louis XVI.

497 — Giberne d'officier d'infanterie. Louis XVI.

498 — Giberne d'officier d'infanterie. Louis XVI.

499 — Giberne, avec banderole. Premier Empire.

500 — Giberne de cavalerie de la Garde (avec banderole). Premier Empire.

501 — Giberne de la garde à cheval de Paris (avec banderole). Premier Empire.

502 — Giberne d'officier. Premier Empire.

503 — Giberne d'officier des gardes d'honneur de la
Garde. Premier Empire.

504 — Giberne d'officier de la garde royale westphalienne. Premier Empire.

505 — Giberne de mousquetaire gris. 1814.

506 — Giberne de mousquetaire noir (avec banderole).

5o7 — Giberne d'officier de la Maison du roi (avec banderole). 1814.

5o8 — Giberne de Garde du corps du roi, 5ᵉ compagnie. 1814.

5oq — Giberne d'officier de hussards de la Garde royale (avec banderole). Charles X.

51o — Giberne d'officier de la Garde nationale à cheval (avec banderole). Restauration.

511 — Giberne d'officier de la garde nationale à cheval (avec banderole). Restauration.

512 — Giberne d'officier de la Garde nationale à cheval (avec banderole). Restauration.

513 — Giberne de la garde nationale à cheval de Paris (avec banderole). Louis-Philippe.

514 — Giberne d'officier de la Garde nationale à cheval (avec banderole). Louis-Philippe.

515 — Giberne, avec banderole, d'officier de la Garde nationale à cheval. Restauration.

516 — Giberne, avec baudrier, d'infanterie de la Garde. Restauration.

517 — Giberne et baudrier de chasseur de la Garde natio-nationale. Louis-Philippe.

5:8 — Giberne, avec banderole, de grande tenue, d'officier de lanciers. 1852.

51q — Giberne, avec banderole, de grande tenue, d'officier de chasseurs à cheval. 1852.

52o — Giberne, avec banderole, de grande tenue, d'officier des guides de la Garde. Second Empire.

521 — Giberne, avec banderole, de cantinière des guides de la Garde. Second Empire.

522 — Giberne, avec banderole, d'officier du train des équipages de la Garde. Second Empire.

523 — Giberne, avec banderole, d'officier de dragons de la Garde. Second Empire.

524 — Giberne, avec banderole, de grande tenue, d'officier des lanciers de la Garde. Second Empire.

525 — Giberne de la gendarmerie à pied de la Garde. Second Empire.

526 — Giberne et porte-mousqueton de chasseur à cheval de la Garde. Second Empire.

527 — Giberne, avec banderole, d'officier de cavalerie turque. Troisième République.

528 — Giberne, avec banderole, de sapeur-pompier. Louis-Philippe.

529 — Giberne, avec banderole, d'officier de santé. Second Empire.

530 — Giberne, avec banderole, d'officier d'artillerie de marine. Second Empire.

531 — Fort lot de gibernes, avec et sans banderole, de diverses époques. (Sera divisé.)

SABRETACHES

532 — Sabretache de guide de la Garde des Consuls.
1802 à 1803.

533 — Sabretache de fantaisie d'officier. Consulat.

534 — Sabretache de petite tenue d'officier du 4ᵉ régiment de la Garde d'honneur de la Garde. Premier
Empire.

535 — Sabretache du 5ᵉ hussards. Premier Empire.

536 — Sabretache d'artillerie de la Garde. Premier Empire.

537 — Dessus de sabretache. Premier Empire.

538 — Sabretache et ceinturon d'officier supérieur de la
Garde royale. Restauration.

539 — Sabretache de fantaisie et ceinturon d'officier supérieur des guides de la Garde. Second Empire.

540 — Sabretache et ceinturon de grande tenue d'officier
des guides de la Garde. Second Empire.

541 — Sabretache de guide de la Garde. Second Empire.

542 — Sabretache de trompette des chasseurs à cheval de
la Garde. Second Empire.

543 — Sabretache d'artillerie de la Garde. Second Empire.

544 — Sabretache de petite tenue d'officier d'artillerie de
la Garde. Second Empire.

545 — Sabretache d'officier de cavalerie légère. Second
Empire.

546 — Sabretache d'officier de cavalerie légère. Second Empire.

547 — Sabretache et ceinturon de hussard. Second Empire.

548 — Sabretache de petite tenue d'officier des guides de la Garde. Second Empire.

549 — Deux sabretaches, dont une incomplète. Louis-Philippe.

550 — Sabretache et ceinturon d'officier de hussards de la mort (Allemagne).

551 — Sabretache et ceinturon d'officier de hussards (Autriche).

551 *bis* — Porte-cartes d'officier de cavalerie. Second Empire.

CANNES

DE TAMBOURS-MAJORS

552 — Canne de tambour-major de la Garde nationale. Premier Empire.

553 — Canne de tambour-major de la Garde nationale. Premier Empire.

554 — Canne de tambour-major de la Garde nationale.

555 — Canne de tambour-major de la Garde nationale de Lyon. 1848.

556 — Canne de tambour-major de la Garde nationale de Lussan (Gard). Louis-Philippe.

557 — Canne de tambour-major de la Garde nationale de Saint-Génis-Laval. Louis-Philippe.

558 — Canne de tambour-major du 7e de ligne. Second Empire.

559 — Canne de tambour-major de la Garde nationale. Second Empire.

560 — Canne de tambour-major du 18e régiment de ligne.

561 — Canne de tambour-major.

BAUDRIERS

BANDEROLES ET CEINTURONS

562 -- Baudrier de tambour-major d'infanterie légère. Premier Empire.

563 — Baudrier de tambour-major d'infanterie. Louis-Philippe.

564 — Baudrier de tambour-major de la Garde nationale. Louis-Philippe.

565 — Baudrier de tambour-major du 43e de ligne et ceinturon. Second Empire.

566 — Baudrier porte-mousqueton de sous-officier de cavalerie légère. Premier Empire.

567 — Banderole de giberne de Garde du corps du roi.

568 — Ceinturon avec plaque de mousquetaire noir. 1814.

569 — Ceinturon d'officier de cavalerie légère. Restauration.

570 — Ceinturon de tambour-major de la Garde nationale. Second Empire.

57' — Ceinturon d'officier de lanciers. Second Empire.

572 — Un lot de ceinturons de troupe et d'officiers, de
diverses époques. (Sera divisé.)

573 — Hache et son porte-hache avec baudrier de sapeur
de la Garde nationale. Louis-Philippe.

574 — Porte-hache et baudrier de sapeur. Louis-Philippe.

TONNEAUX

DE CANTINIÈRES

ET BIDONS

575 — Tonneau de cantinière (avec banderole et cous-
sin), du 1er grenadiers de la Garde. Second Empire.

576 — Tonneau de cantinière (avec banderole), du
36e de ligne. Second Empire.

577 — Tonneau de cantinière (avec banderole), du 4e es-
cadron du train des équipages. Second Empire.

578 — Tonneau de cantinière, du 32e d'artillerie. Second
Empire.

579 — Tonneau de cantinière (avec banderole), de la
Garde nationale, 7e bataillon. 1870.

580 — Tonneau de cantinière (avec banderole). Troisième République.

581 — Bidon. Premier Empire.

582 — Bidon en bois. Premier Empire.

583 — Bidon en bois. Premier Empire.

CHAUSSURES

584 — Paire de bottes d'officier de cavalerie légère. Premier Empire.

585 — Un lot de bottes, de diverses époques. (Sera divisé.)

ÉQUIPEMENTS

586 — Porte-manteau de mousquetaire gris. 1814.

586 *bis* — Schabraque de mousquetaire gris. 1814.

587 — Paire de chaperons de mousquetaire gris. 1814.

588 — Paire de chaperons de mousquetaire gris, petite tenue. 1814.

588 *bis* — Schabraque de petite tenue de mousquetaire gris. 1814.

589 — Schabraque de mousquetaire noir. 1814.

589 *bis* — Paire de chaperons de mousquetaire noir. 1814.

590 — Porte-manteau d'officier de marine. Second Empire.

590 *bis* — Schabraque d'officier de marine. Second Empire.

591 — Schabraque d'officier de cavalerie. Second Empire.

591 *bis* — Schabraque d'officier général des Gardes d'honneur de la Manche. Premier Empire.

592 — Schabraque de cuirassier de la Garde. Second Empire.

593 — Bride, bridon, licol.

594 — Un lot de mors.

595 — Un lot de selles, de diverses époques. (Sera divisé.)

FLAMMES DE TROMPETTES

FANIONS, DRAPEAUX

596 — Flamme de trompette de lanciers polonais de la Garde impériale, petite tenue. Premier Empire.

597 — Flamme de trompette d'artillerie. Premier Empire.

598 — Flamme de trompette de hussards.

599 — Deux faces de flamme de trompette.

600 — Flamme de clairon de chasseurs à pied de la Garde. Second Empire.

601 — Soie de drapeau de la Légion d'Aujac.

602 — Drapeau de Garde nationale.

603 — Drapeau de la Garde nationale de Void. Louis-Philippe.

604 — Drapeau de la Garde nationale du canton de Bois-d'Oingt. Louis-Philippe.

605 — Drapeau de la Garde nationale d'Ernecourt. Louis-Philippe.

606 — Drapeau de la Garde nationale parisienne, 15ᵉ bataillon. 1848.

607 — Centre de drapeau de la Garde nationale. Révolution.

608 — Drapeau de la Garde mobile. Second Empire.

La soie porte l'inscription :
*La Ville de Soissons au 2ᵉ bataillon
de la Garde mobile de l'Aisne, 1870.*
Et la cravate un *N* et les armoiries de Soissons.

609 — Centre d'étendard de hussards. Révolution.

610 — Centre de drapeau de la Légion de Grenade. Louis XVI.

611 — Soie d'étendard de la Garde d'honneur de Caen.

612 — Morceau de drapeau avec lance de l'artillerie de la Garde nationale de Caen. Louis-Philippe.

613 — Flamme de fanion du régiment de Condé-dragons. Restauration.

614 — Fanion de grenadiers de la 1ʳᵉ cohorte de la Garde nationale. 1814.

615 — Fanion de marine. Second Empire.

615 *bis* — Centre de fanion du 14ᵉ léger. Premier Empire.

TAMBOURS, CLAIRON
CHAPEAU CHINOIS

616 — Lot de tambours divers. (Sera divisé.)

616 *bis* — Lot de baguettes de tambours.

617 — Chapeau chinois.

618 — Clairon de chasseur à pied. 1845.

ÉCHARPES & BRASSARDS

619 — Écharpe de fonctionnaire du district d'Angou-
lême. Révolution.

620 — Lot de quatre écharpes.

621 — Brassard de société. Second Empire.

PLAQUES, HAUSSE-COLS
BOUTONS, PIQUES DE DRAPEAUX
ET CUIVRERIE DIVERSE

622 — Plaque de bonnet à poil de grenadier d'infanterie.
Louis XV.

622 *bis* — Plaque de shako losange, officier. Premier
Empire.

623 — Deux plaques de bonnets à poil de grenadiers à
pied de la Garde. Premier Empire.

624 — Lot de plaques et agrafes diverses. (Sera divisé.)

625 — Plaque de ceinturon d'officier de volontaires. Révolution.

626 — Plaque de ceinturon d'officier général. Révolution.

627 — Quatre plaques de ceinturons d'officiers. Restauration. (Seront divisées.)

628 — Plaque de sabretache de petite tenue d'officier de chasseurs à cheval de la Garde. Premier Empire.

629 — Hausse-col d'officier du 16e de ligne. Premier Empire.

630 — Lot de hausse-cols, de la Révolution au Second Empire. (Sera divisé.)

631 — Ornement de voiture de cantinier. Premier Empire.

632 — Lot de boutons divers, de la Révolution au Second Empire. (Sera divisé.)

633 — Lot de cuivrerie militaire.

634 — Deux piques de drapeaux et deux espontons d'officiers. Ancien régime.

635 — Pique de drapeau de Volontaires. Révolution.

636 — Deux coqs de drapeaux de la Garde nationale. Louis-Philippe.

637 — Pique de drapeau. 1848.

638 — Aigle de drapeau. Second Empire.

639 — Lot de sept pièces, piques de drapeaux. Époques diverses.

---

640 — Modèle de bâton de maréchal. Second Empire.

DÉCORATIONS

MÉDAILLES ET INSIGNES

641 — Lot de seize croix de la Légion d'honneur, de diverses époques. (Sera divisé.)

642 — Lot de décorations, médailles et insignes, de diverses époques. (Sera divisé.)

643 — Lot comprenant deux insignes vendéens, un ruban fleurdelysé, deux cocardes brodées Restauration.

644 — Lot de seize pièces fort intéressantes : médailles et insignes révolutionnaires. (Sera divisé.)

645 — Fort lot de médailles, de diverses époques. (Sera divisé.)

OBJETS DIVERS

645 — Aigle aux ailes éployées, en bois sculpté doré.

Envergure : 1 m. 80 cent. environ.

647 — Canne à épée, jonc, pomme ivoire, profil de Napoléon Ier.

648 — Cocarde. Révolution.

649 — Boucle patriotique. Révolution.

650 — Deux bagues. Généraux Hoche et Foy.

651 — Montre. Révolution.

652 — Cadran de montre, sujet militaire. Louis-Philippe.

653 — Tasse à vin, en argent. Premier Empire.
Sur le bord est gravée l'inscription :

Prix remporté par G. Soaneu au mât de cocagne à l'anniversaire de la naissance de Napoléon le Grand. Thiers, le 16 août 1807.

654 — Lot de six couteaux populaires. Sujets napoléoniens.

655 — Poignard. Révolution. Pièce intéressante.

656 — Couvert, cuiller et fourchette. Sujets napoléoniens.

657 — Lot de pipes. Sujets napoléoniens. (Sera divisé.)

658 — Deux dessus d'horloges. Révolution et Napoléon.

659 — Éventail. Sujet militaire. Premier Empire.

660 — Étui en ivoire à profil napoléonien.

661 — Épingle de cravate donnée par Napoléon III.

662 — Porte-monnaie avec sujet : « Prise de la Bastille. »

663 — Lot de vingt et une boîtes rondes. Sujets napoléoniens. Restauration et Louis-Philippe. (Sera divisé.)

664 — Lot de vingt-quatre tabatières. Sujets napoléoniens et Restauration. (Sera divisé.)

665 — Deux boîtes à musique. Sujets napoléoniens.

666 — Lot de onze tabatières. Chapeau Napoléon. (Sera divisé.)

667 — Trois figurines : Napoléon, Joséphine et Pauline.

668 — Lot de foulards. Sujets napoléoniens et Restauration.

669 — Buste de grenadier de la Garde, bois sculpté.

670 — Trois tasses et soucoupes porcelaine. Emblèmes révolutionnaires et impériaux. Révolution et Second Empire.

671 — Pot à tabac, en terre émaillée. Sujet napoléonien.

672 — Cantinière en porcelaine décorée.

673 — Grenadier de la Garde du Premier Empire, porcelaine décorée.

674 — Encrier en porcelaine décorée, sujet napoléonien.

675 — Bouteille en porcelaine décorée. Second Empire.

676 — Vase en porcelaine décorée, sujet : Adieux de Fontainebleau. Louis-Philippe.

677 — Douze figurines : cent-gardes.

678 — Napoléon Ier, statuette terre cuite, signée : *Lemarchand*.

679 — Tapis tissé, sujets militaires. Second Empire.

680 — Tapisserie, sujet allégorique.

681 — Collier de chien (commissaire des guerres). Ancien régime.

682 — Deux trousses d'officier de santé et de chirurgien militaires. Premier Empire.

683 — Deux coffres-forts anciens.

684 — Pièce de canon, modèle de réduction.

685 — Pièce de canon ancienne, modèle de réduction.

686 — Cinq mannequins articulés.

687 — Un lot d'objets divers.

MINIATURES

688 — Miniature d'officier étranger. Premier Empire.

689 — Miniature d'officier étranger. Premier Empire.

690 — Miniature d'officier étranger. Premier Empire.

691 — Miniature d'officier étranger. Consulat.

692 — Miniature d'officier. Louis XVI.

693 — Miniature d'officier. Louis XVI.

694 — Miniature d'officier d'infanterie. Louis XVI.

695 — Miniature d'officier d'infanterie. Louis XVI.

696 — Miniature de Garde du corps du roi. Louis XVI.

697 — Miniature d'officier. Révolution.

698 — Miniature d'officier. Révolution.

699 — Miniature du général Beurnonville. Révolution.

700 — Miniature d'officier. Révolution.

701 — Miniature de Garde nationale. Révolution.

702 — Miniature d'officier. Révolution.

703 — Miniature d'officier. Révolution.

704 — Miniature de soldat. Révolution.

705 — Miniature de Garde nationale. Révolution.

706 — Miniature d'officier. Révolution.

707 — Miniature d'officier. Révolution.

708 — Miniature d'officier. Révolution.

709 — Miniature d'officier. Révolution.

710 — Miniature d'officier. Consulat.

711 — Miniature d'officier. Consulat.

712 — Miniature d'officier d'infanterie, en surtout. Premier Empire.

713 — Miniature d'officier général polonais. Premier Empire.

714 — Miniature d'officier d'artillerie. Premier Empire.

715 — Miniature d'officier d'infanterie. Premier Empire.

716 — Miniature d'officier de chasseurs à cheval. Premier Empire.

717 — Miniature d'officier du 11e de ligne, en surtout. Premier Empire.

718 — Miniature représentant Bonaparte, avec l'inscription : *Donnée par le Premier Consul à Franklin Bonafous, 21 vendémiaire an X.*

719 — Miniature d'officier de cavalerie légère. Premier Empire.

720 — Miniature d'officier d'infanterie légère. Premier Empire.

721 — Miniature d'officier de gendarmerie. Premier Empire.

722 — Miniature du commandant Blanc du bataillon Valaisien. 1810.

723 — Miniature d'officier d'artillerie. Premier Empire.

724 — Miniature d'officier d'infanterie légère. Premier Empire.

725 — Miniature d'officier d'infanterie légère. Premier Empire.

726 — Miniature d'officier d'artillerie de la Garde. Premier Empire.

727 — Miniature de hussard. Premier Empire.

728 — Miniature d'officier du génie de la Garde. Premier Empire.

729 — Miniature d'officier d'artillerie. Premier Empire.

730 — Miniature d'officier de chasseurs à cheval. Premier Empire.

731 — Miniature d'officier. Premier Empire.

732 — Miniature d'officier de cuirassiers. Premier Empire.

733 — Miniature d'officier. 1815.

734 — Miniature d'officier. Premier Empire.

735 — Miniature d'officier de santé. Premier Empire.

736 — Miniature d'officier. Premier Empire.

737 — Miniature de soldat. Premier Empire.

738 — Miniature d'officier. Premier Empire.

739 — Miniature de colonel de légion départementale. 1815.

740 — Miniature d'officier de légion départementale. 1815.

741 — Miniature d'officier de hussards. Restauration.

742 — Miniature d'officier. Restauration.

743 — Miniature d'officier de cuirassiers. Restauration.

744 — Miniature d'officier. Restauration.

745 — Miniature d'officier. Restauration.

746 — Miniature d'officier. Restauration.

747 — Miniature d'officier. Restauration.

748 — Miniature d'officier. Restauration.

749 — Miniature d'officier. Restauration.

750 — Miniature d'officier. Restauration.

751 — Miniature d'officier général, en petite tenue. Restauration.

752 — Miniature d'officier. Restauration.

753 — Miniature d'officier de santé de la Marine. Restauration.

754 — Miniature d'officier de la Garde nationale à cheval. Restauration.

755 — Miniature d'officier d'artillerie. Restauration.

756 — Miniature d'officier. Restauration.

757 — Miniature d'officier d'infanterie de la Garde royale. Restauration.

758 — Miniature d'officier de la Garde nationale. Restauration.

759 — Miniature d'officier général, en petite tenue. Restauration.

760 — Miniature d'officier des gardes du corps du roi. 1814.

761 — Miniature d'officier de chasseurs à cheval. Louis-Philippe.

762 — Miniature de brigadier d'artillerie. Louis-Philippe.

763 — Miniature d'officier de lanciers. Louis-Philippe.

764 — Miniature de grenadier de l'école de Saint-Cyr. Louis-Philippe.

765 — Miniature d'officier d'artillerie de la Garde nationale. Louis-Philippe.

766 — Miniature d'officier d'infanterie légère. Louis-Philippe.

767 — Miniature de soldat d'infanterie de ligne. Louis-Philippe.

768 — Miniature d'officier de cuirassiers. Louis-Philippe.

769 — Miniature d'officier de lanciers. Louis-Philippe.

770 — Miniature du duc de Nemours. 1870.

771 — Physionotrace d'officier général. Premier Empire.

772 — Gravure encadrée représentant Cambronne.

773 — Boîte or, à miniatures, l'une d'officier Louis XVI, l'autre de personnage civil révolutionnaire.

774 — Boîte en écaille, à miniature sujet militaire. Louis XVI.

775 — Boîte-miniature, sujet soldat. Révolution.

776 — Boîte, intérieur écaille, à miniatures, dont une : Sujet militaire, l'autre : Personnage civil. Premier Empire.

777 — Boîte-miniature, sujet : Napoléon II enfant (roi de Rome).

778 — Peinture représentant un officier étranger du Premier Empire, avec son cadre.

779 — Peinture encadrée représentant un officier. Louis XVI.

780 — Peinture encadrée représentant un officier. Louis XVI.

781 — Peinture encadrée représentant un officier. Louis XVI.

TABLEAUX, AQUARELLES
GRAVURES, PHOTOGRAPHIES

782 — Daguerréotype, encadré, de sous-officier de carabiniers. Louis-Philippe.

783 — Peinture encadrée, sujet soldats. Premier Empire.

784 — Portrait d'officier Louis XVI. Encadré.

785 — Portrait de gendarme de Lunéville. Louis XVI. Encadré.

786 — Portrait d'officier Louis XVI. Sans cadre.

787 — Portrait, encadré, d'officier étranger. Restauration.

788 — Portrait au pastel, encadré, d'officier général. Restauration.

789 — Peinture encadrée, représentant un soldat de l'infanterie suisse de la Garde royale, par Dupray.

790 — Peinture encadrée, représentant un officier vendéen. Restauration.

791 — Portrait au pastel, encadré, de hussard. Premier Empire.

792 — Peinture encadrée, représentant un officier de lanciers rouges. Premier Empire.

793 — Peinture encadrée, représentant un officier général. Restauration.

794 — Peinture encadrée, représentant un officier d'infanterie. Restauration.

795 — Peinture encadrée, représentant un officier de dragons. Louis XVI.

796 — Peinture encadrée représentant un officier général. Premier Empire.

797 — Peinture encadrée représentant un officier de chasseurs à cheval. Restauration.

798 — Peinture encadrée : Portrait d'officier.

799 — Peinture encadrée : Portrait de Napoléon. Auteur inconnu.

800 — Peinture encadrée : Portrait d'officier. Louis-Philippe.

801 — Peinture encadrée : Portrait d'officier. Louis XIV.

802 — Peinture encadrée : Portrait d'officier d'état-major. Premier Empire.

803 — Peinture encadrée : Portrait d'officier de dragons. Louis XV.

804 — Gravure en couleurs encadrée, représentant Bonaparte au Caire.

805 — Gravure en noir encadrée, représentant Kléber.

806 — Tableau-souvenir.

807 — Aquarelle originale de Job. Sujet militaire Premier Empire. Encadrée.

808 — Aquarelle originale d'Hilpert. Sujet militaire Premier Empire. Encadrée.

809 — Dessin aquarellé de MAURICE ORANGE. Type militaire Premier Empire. Encadré.

810 — Aquarelle satyrique, sans signature. Sujet militaire. Louis XVI.

811 — Deux dessins aquarellés. Types militaires 1830 et 1870, dont un signé : *Toussain*.

812 — Dessin aquarellé de ROUFFET, trompette du 8e hussards.

813 — Lot de nombreuses photographies militaires. (Sera divisé.)

814 — Album contenant soixante-douze photographies militaires. Second Empire.

815 — Album contenant trente-six photographies militaires. Second Empire.

816 — Recueil de photographies diverses.

817 — Lot de peintures, gravures, photographies diverses. (Sera divisé.)

DOCUMENTS

ET PIÈCES DIVERSES

818 — Album de vingt batailles de la Révolution et de l'Empire, par YUNG. Gravures sur bois en couleurs.

819 — Volume in-16, relié, intitulé : *Constitution Française*. Paris, 1791.

820 — Jeu de cartes (incomplet, 26 cartes). Sujets militaires. Premier Empire.

821 — Lot de douze vignettes révolutionnaires coloriées.

822 — Lot de cinq pièces : Lettres militaires illustrées.

823 — Lot de vingt-quatre pièces : Étiquettes. Second Empire.

824 — Lot de quatre brevets de décoration. Époques diverses.

825 — Lot de neuf pièces : documents, manuscrits et imprimés sur l'organisation et l'uniforme de certains corps. Époques diverses.

826 — Brevet de volontaire de la Garde nationale parisienne. Révolution.

827 — Brevet de médaillon de vétérance. Révolution.

828 — Brevet de chef de bataillon, avec signature de Bonaparte.

829 — Brevet de lieutenant, avec signature de Bonaparte.

830 — Brevet de capitaine, avec signature de Bonaparte.

831 — Brevet de médaillon de vétérance. Louis XVI.

832 — Brevet de Garde nationale de la ville de Lyon. Révolution.

833 — Lot de trois pièces : fleurs animées ; sujets napoléoniens.

834 — Deux pièces : fleurs animées ; sujet Charles X.

835 — Trois documents aquarellés sur les drapeaux. Époques diversss.

836 — Aquarelle représentant les sept frères Bonnard, de Lyon.

837 — Jeu de cartes intitulé : le Jeu des Drapeaux ; sujets militaires.

838 — Deux pièces imprimées : testaments de Louis XVI et de Marie-Antoinette.

839 — Cent quarante-cinq programmes du camp de Sathonay. Second Empire.

840 — Vingt-six pièces : lettres militaires en blanc, programmes de musiques militaires, cartes d'invitations diverses.

841 — Six pièces : brevets de décorations diverses.

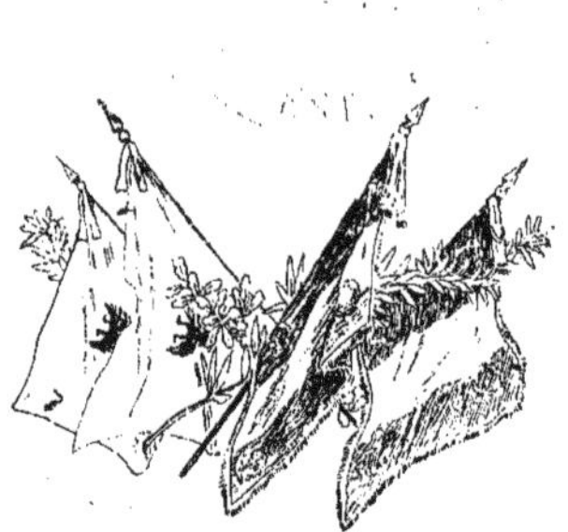

www.ingramcontent.com/pod-product-compliance
Ingram Content Group UK Ltd.
Pitfield, Milton Keynes, MK11 3LW, UK
UKHW031808170726
13836UKWH00003B/1261